Le Respect

Y'a pas de mal à être attentif aux autres

Texte de :
Ted et Jenny O'Neal

Illustrations de :
R.W. Alley

Signe

Pour Scott et Jason et pour mamie O'Neal

ÉDITEUR :
ÉDITIONS DU SIGNE
1 rue Alfred Kastler
B.P. 98094 - Eckbolsheim
67038 Strasbourg Cedex 2
Tél. : 03 88 78 91 91
info@editionsdusigne.fr
www.editionsdusigne.fr
Editions du Signe

Texte :
Ted et Jenny O'Neal

Traduction :
Nadine Deffieux
Didier Dolna

Illustrations :
R.W. Alley

Version originale publiée aux USA
Titre original : «Respect - Dare to Care, Share, anf be Fair!»
Texte © 2001 Ted O'Neal and Jenny O'Neal
Illustrations © 2001 St. Meinrad Archabbey
Edité aux USA par One Caring Place - Abbey Press - St. Meinrad, Indiana 47577

ISBN : 978-2-7468-1139-3

Imprimé en U.E.

À l'attention des parents, des enseignants et de tous ceux qui s'occupent d'enfants

Le respect est l'un des enjeux essentiels du monde d'aujourd'hui. Il est un peu comme l'eau : c'est au milieu du désert qu'on se rend le mieux compte de son absence et que tout le monde souhaite sa présence.

C'est surtout en matière d'éducation qu'il nous faut faire attention à la vertu du respect. Nous savons que c'est dans leur jeunesse que les individus façonnent l'essentiel de leur conduite, de leurs attitudes et de leurs habitudes. L'enfance est le bon moment pour que les vertus soient transmises et surtout pour qu'elles soient reçues.

Nous nous rappelons les principes que nos parents et nos maîtres essayaient de nous inculquer : la politesse, l'honnêteté, la tolérance, la générosité, la patience et la gentillesse. Ce n'était peut-être pas exactement ces mots-là qui étaient utilisés, c'était plutôt des expressions comme « Attends ton tour », «Ne fais pas aux autres ce que tu ne voudrais pas qu'ils te fassent », «Mets-toi à sa place », « Ne sois pas en retard » ; mais il s'agissait bien des mêmes valeurs essentielles qu'on essayait de nous transmettre.

Les meilleures leçons de respect bien sûr ne passaient pas par les mots mais étaient enseignées à travers l'exemple : à table, papa servait maman en premier ; mamie disait à papi qu'elle était désolée de le faire attendre ; maman nous aidait à préparer de la citronnade à nos amis ; le maître veillait à ce que chaque élève attende calmement son tour de parole.

Cette vertu du respect, démodée et vieillotte, est-elle prête à faire un retour dans la société moderne ? Nous savons tous qu'il en est grandement besoin dans un monde de plus en plus changeant, surpeuplé d'habitants tributaires les uns des autres , un monde qui est notre maison commune.

Puissent les mots et les images de ce livre faire que le respect trouve son foyer dans le cœur de nos enfants.

—Ted et Jenny O'Neal

Qu'est-ce que le respect?

Le mot « respect » peut évoquer pour toi le serviteur qui s'incline devant son roi dans un conte de fées. Certes, « respecter » peut vouloir dire « s'incliner », mais il a aussi d'autres sens.

Le respect est une vertu. C'est une bonne façon d'être et une façon d'être bon. C'est une façon de prendre les autres, nous-mêmes et notre monde en considération. Mettre en pratique cette vertu du respect, c'est traiter les gens et le monde entier avec plus d'amour et de gentillesse.

Faire preuve de respect peut consister à se lever et à offrir son siège à une personne plus âgée ou à tenir la porte pour quelqu'un. Respecter c'est aussi se montrer poli, loyal, honnête et juste.

Au Lutin
Postal

La règle d'or

Ne fais pas aux autres ce que tu ne voudrais pas qu'on te fasse. Telle est la règle d'or. Essaie de te comporter envers les autres comme tu veux qu'ils se comportent avec toi. Suivre cette règle d'or, c'est pratiquer le respect. C'est se soucier des sentiments et des droits des autres.

Par exemple , si tu empruntes le jeu vidéo d'un ami, tu dois en prendre soin exactement comme si c'était le tien. Quand tu le rends, tu dis « Merci de me l'avoir prêté », tout comme tu aimerais l'entendre si c'était l'inverse.

Certains enfants peuvent se moquer de toi parce que tu es gentil et poli avec les autres, mais tu dois les ignorer. Suivre la règle d'or, c'est faire attention aux autres et c'est une bonne chose !

Comment faire preuve de respect

Tu fais preuve de respect quand tu joues au jeu que ton cousin a choisi, même si ce n'est pas celui que tu préfères. Tu traites un nouveau camarade de classe avec respect en lui disant bonjour et en lui parlant. Tu es respectueux envers ton voisin malade, quand tu lui offres des fleurs pour lui montrer que son sort ne t'est pas indifférent.

Respecter ça peut aussi être témoigner sa reconnaissance. Quand tu dis à ton ami : « Qu'est-ce qu'on s'est amusé à faire de la luge », c'est une façon de le remercier d'être ton ami.

Être prêt à temps quand ton ami vient te chercher est une autre façon de lui manifester ton respect. Tu te soucies suffisamment de lui pour ne pas vouloir le faire attendre.

lac
océan
rive

Ce qu'il ne faut pas faire

Faire enrager les gens, hurler, être grossier, ne pas attendre son tour, se battre, laisser sa chambre en désordre sont autant d'actions qui témoignent le manque de respect.

Le respect interdit qu'on se moque de ce que les autres aiment faire, comme quand papa regarde une émission de télévision ennuyeuse ou quand ton frère se prend pour Zidane.

Parfois les enfants se laissent entraîner par leurs amis à des actes dont, seuls, ils ne se rendraient jamais coupables. Pour suivre le mouvement, ils peuvent se moquer méchamment d'un camarade de classe ou jeter des pierres sur la voiture d'un voisin. Le respect oblige à faire ce qui est bien, peu importe avec qui l'on est.

C'est bien d'être différent

Ne te moque pas de ton camarade de classe qui met du ketchup sur ses macaronis. Les gens sont différents et ont des goûts différents. Certains de tes actes peuvent paraître étranges aux autres.

C'est dur de comprendre comment d'autres personnes peuvent aimer des choses différentes de celles que nous aimons. Mais chacun mérite le respect, même ceux qui ont des cheveux bizarres, des vêtements excentriques ou même ceux qui ont des chambres avec de drôles de tapisseries.

On peut tous avoir des opinions, des goûts et des sentiments différents et s'entendre bien quand même. En fait, il se peut même qu'un jour tu découvres que le ketchup sur les macaronis c'est drôlement bon.

Essaie de comprendre

Respecter les autres, c'est essayer de les comprendre, de ressentir ce qu'ils ressentent. Pour comprendre quelqu'un, imagine que tu es cette personne, mets-toi à sa place.

Si papa a préparé pour le repas quelque chose que tu n'aimes pas, mets-toi dans la peau de ce père qui essaie de nourrir convenablement sa famille. Te voilà peut-être fatigué après une longue journée de travail, ou pressé, et ton enfant te dit :
« Ta cuisine, c'est dégoûtant ».
Qu'est-ce que tu ressens à ce moment-là ?

Si ta sœur ronchonne, essaie de comprendre pourquoi : peut-être qu'elle ne se sent pas bien, ou qu'elle a eu un contrôle vraiment dur à l'école. Peut-être même qu'elle aimerait en parler un peu plus tard quand elle sera de meilleure humeur.

Les mots magiques

Il y a des mots magiques qui t'emmèneront au bout du monde et qui rendront les autres heureux. Ce sont des mots comme « S'il te plaît », «Merci », « Pardon », « Excusez-moi .» Des mots comme « Va-t-en » ou « Tais-toi » ne sont pas des mots magiques. Ils ne font que fâcher les gens.

Beaucoup d'entre nous ont appris à saluer la famille d'un « Bonjour » en se levant le matin, et d'un « Bonne nuit » le soir. Mais il est également bienvenu de dire « Bonjour » quand tu rentres de l'école ou de chez un ami. Essaie au moins d'annoncer ta présence par un « C'est moi », au lieu de demander tout de suite « Qu'est-ce qu'il y a à manger ce soir ? »

Les mots que nous utilisons ont le pouvoir de blesser les gens ou de leur faire du bien. Par respect, essayons d'utiliser les bonnes formules et non pas les mauvaises.

Fais attention

Le seul fait d'être attentif à l'autre est une bonne façon de lui témoigner du respect, surtout quand on est occupé et qu'on a autre chose à faire.

Écoute ton frère au lieu de l'interrompre.
Essaie d'être sensible aux efforts des autres, quand, par exemple, ils ont soigné leur travail ou leur apparence. Il suffit de dire à ta mère :
« J'aime la façon dont tu es coiffée »,
et vous voilà heureux tous les deux.

Respecte ton maître d'école. Sois attentif au lieu de bavarder, au lieu de gribouiller dans ton cahier. Lève le doigt au lieu de crier les réponses.

Les animaux aussi ont droit au respect :
si tu as un animal de compagnie,
n'oublie pas de le nourrir, de le laver,
de jouer avec lui.

Quand tu es en colère

Manifester ses sentiments, c'est agréable quand ça se fait avec respect. Quand il y a désaccord ou qu'on ressent de la colère, ça peut devenir pénible. Heureusement, il y a moyen d'exprimer ses propres sentiments tout en respectant la sensibilité des autres.

Au lieu de dire quelque chose comme :
« Fais plus attention, espèce d'idiot ! »,
tu pourrais dire :
« Tu m'as vraiment fait mal quand tu m'as bousculé ! Est-ce que tu pourrais faire plus attention s'il te plaît ? »

Respect pour le monde entier

Celui qui est respectueux croit que chaque personne sur terre a de la valeur. Il comprend que le monde nous appartient à tous,
que nous appartenons au monde
et que nous appartenons tous à Dieu.

Il est bon d'apprendre à connaître les gens du monde entier à travers les livres et la télévision. Quand nous apprenons des choses sur la façon dont ils vivent, dont ils travaillent, dont ils parlent, ça nous aide à voir la vie à travers leurs yeux et à avoir du respect pour eux.

On peut faire preuve de respect pour le monde entier - et même pour les gens qui ne sont pas encore nés - en prenant soin de toute forme de vie. On peut ramasser les ordures et les recycler. On peut s'inscrire à l'école à un club sur l'environnement pour apprendre comment respecter la terre.

Poubelle

La justice

Traiter les autres de façon équitable est un aspect important du respect.

Parfois les gens sont traités injustement parce qu'ils sont trop vieux ou trop jeunes, trop grands ou trop petits. Il arrive que ce soit à cause de la couleur de leur peau ou à cause de leur religion. Mais chacun mérite le respect.

Le respect peut conduire à prendre la parole pour les gens qui ne peuvent pas s'exprimer, ou même pour défendre sa propre cause si on est soi-même victime d'une injustice.

Rappelle-toi , ce que tu choisis de faire ou de ne pas faire, ce que tu choisis de dire ou de ne pas dire, ça peut changer notre monde, en bien ou en mal. C'est ta responsabilité.

Livres

Exige le respect

Toi aussi tu mérites le respect. Sois gentil envers toi-même. Après avoir fait une bonne action, comme aider ton père à planter des fleurs, fais-toi un petit plaisir, et à ton papa aussi : offrez-vous une glace, par exemple.

Témoigner du respect aux autres t'aidera à obtenir le respect des autres. Quand tu traites les autres gentiment, tu as plus de chance d'être traité gentiment en retour.

Ce n'est pas toujours le cas cependant. Parfois des gens oublient simplement le respect ou il se peut qu'ils n'aient pas encore appris comment être bon et gentil. Ce que les autres disent ou font, tu n'y peux rien, mais ton comportement à toi, tu peux le contrôler.

Les bonnes habitudes

Respecter, ce n'est pas toujours drôle ou facile. Ça demande du temps et des efforts, mais c'est plus facile quand ça devient une habitude. C'est pourquoi il faut pratiquer le respect tous les jours.

Les frères et sœurs méritent aussi le respect. Peu importe s'ils te rendent la vie dure. Laisse ta sœur regarder la chaîne qui lui plaît, ou laisse ton frère s'asseoir sur le siège de devant dans la voiture. Ça sera ton tour la prochaine fois.

Il y a beaucoup d'histoires, ou de contes de fées qui apprennent à être gentil et respectueux. Par exemple, tu peux lire certaines histoires du Père Castor, certains contes de Perrault comme « Cendrillon ». Tu peux aussi, avec ta famille, regarder « Elena D'Avalor », « Mon voisin Totoro » ou « Les as de la jungle ».

Une façon d'aimer

Témoigner du respect, c'est prendre le temps de faire attention, de regarder les autres avec intérêt. De cette façon, on découvre que les gens sont plus intéressants que ce que l'on voit au premier abord. On peut comprendre alors que nous sommes tous des enfants de Dieu et que nous méritons tous le respect.

Respecter et aimer, c'est vraiment la même chose. Quand tu respectes les autres, tu les acceptes tels qu'ils sont avec leurs sentiments, leurs goûts et leurs droits. Quand quelqu'un te respecte, il te fait savoir que tu es aimé pour ce que tu es.

Tu peux apporter plus d'amour dans le monde. N'aie pas peur, pense aux autres, sois généreux et juste…Respecte !

Ted O'Neal est le père de trois enfants et l'auteur de « Garden Therapy » publié dans la collection Elf-Help. Il vit dans le sud de l'Indiana et il a écrit pour diverses publications destinées aux familles.

Jenny O'Neal, c'est la fille de Ted. Elle est étudiante en psychologie de l'enfant à l'université de l'Indiana.

R.W. Alley est l'illustrateur d'une série populaire pour adultes publiée dans la collection Elf-Help chez Abbey Press (traduit et publié par les Editions du Cerf dans la collection : Un temps pour…) ainsi que l'auteur et l'illustrateur de livres pour enfants. Il vit à Barrington dans le Rhode Island, avec sa femme, sa fille et son fils.